Mein super Lern- und Übungsbuch zum Schulstart

Von Annette Weber
Illustriert von Sonia Dilg

TESSLOFF

Tom möchte mit der kleinen Lok spielen. Er baut die Schienen zusammen, ist aber noch nicht ganz fertig. Welche Schienen gehören in die Lücken? Male sie dazwischen.

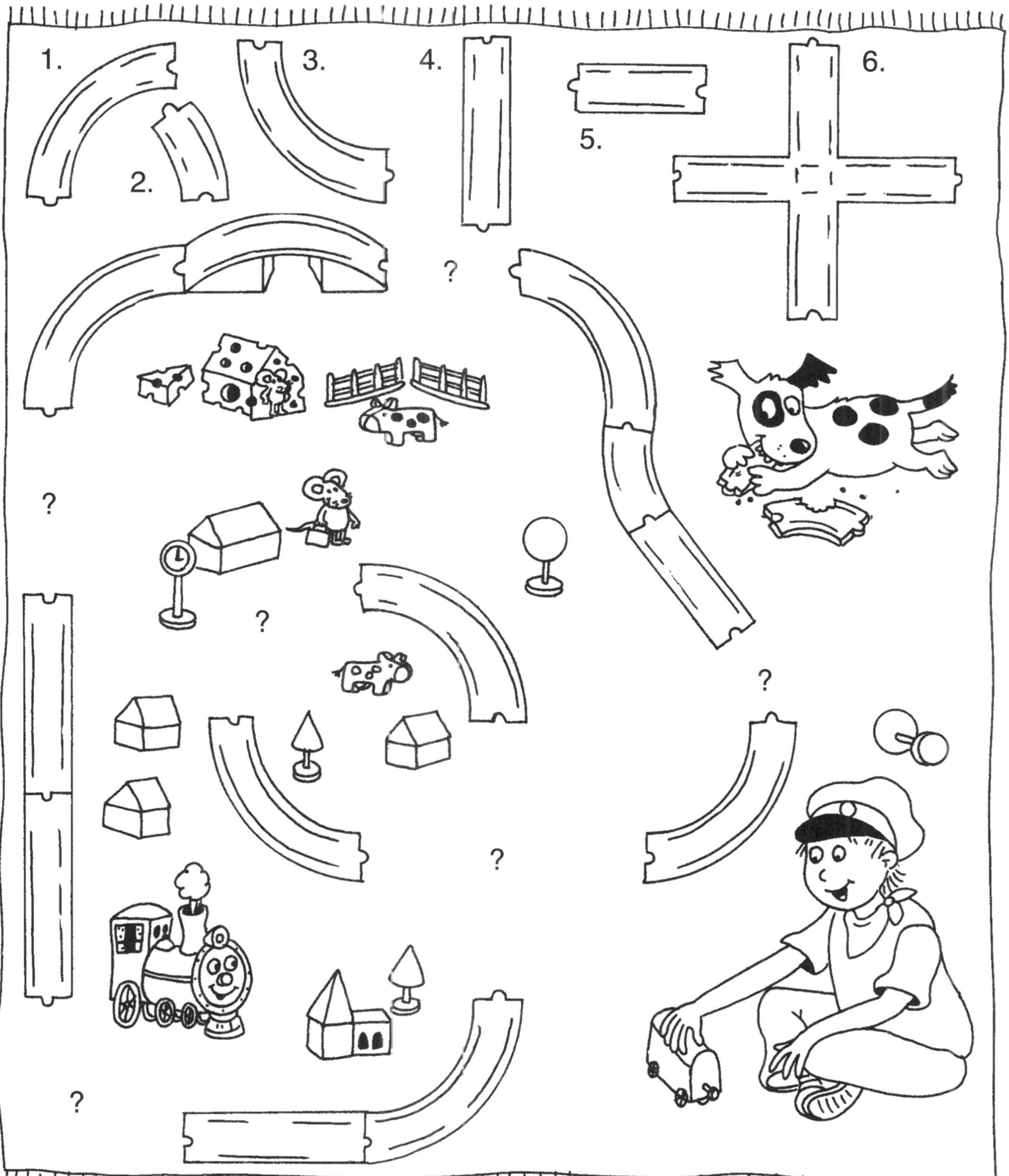

Zuordnen lernen

Hier kannst du die kleine Lok und ihre vielen verschiedenen Waggons von innen sehen. Weißt du, welcher Gegenstand wohin gehört?

Heute haben sich die Kinder verkleidet. Kannst du sie trotzdem wiedererkennen? Wer ist wer? Verbinde sie mit einer Linie.

Tom mag Lutscher und Bonbons, Ida möchte alles aus Schokolade, ihr Freund Jan isst lieber Obst. Teile die Leckereien auf und male jedem in die Schüssel, was er besonders gerne isst.

Hilfe! Jemand hat Idas schöne Haarspange gestohlen!
Kannst du den Dieb finden?

Beobachtungsgabe schulen

Auf diesem Bild gibt es acht Fehler. Entdeckst du sie?

Tom, Ida und ihre Freunde Anna und Jan pflücken Blumen. Sie wollen von jeder Sorte eine Blume in ihrem Strauß haben. Jedem der vier fehlt noch eine Blumenart. Suche sie und male einen Pfeil zum Strauß.

Male auch für dich einen schönen Strauß.

Zuordnen lernen

Ida und Tom spielen mit ihren Holzpuzzles. Weißt du, welche Teile in welches Puzzle gehören? Male einen Pfeil zur passenden Lücke.

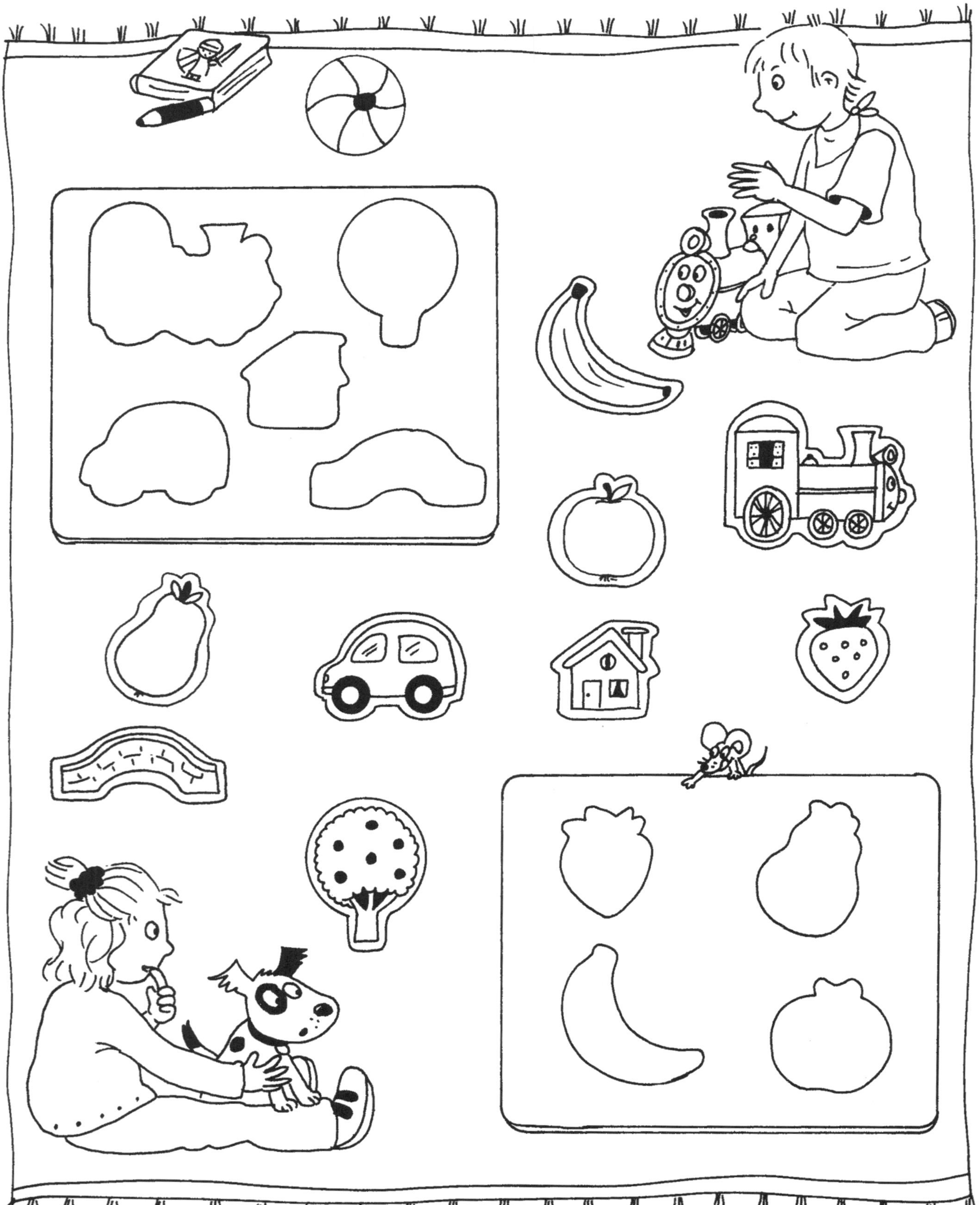

Ida spielt Karten. Schau dir die Reihen an. Eine Karte passt jeweils nicht zu den anderen. Streiche sie durch.

Wahrnehmung schulen

Tom und Ida haben eine Schatzkarte gefunden. Kannst du sie lesen? Versuche, den Schatz zu finden.

START

Logisches Denken schulen

Die kleine Lok wird repariert. Kannst du zählen, wie viele Werkzeuge es in dieser Werkstatt gibt? Male für jedes einen Strich in das passende Feld. Kreise dann die Dinge ein, die man zum Reparieren gebrauchen kann.

Überlege, was jeweils fehlt. Beschreibe, was auf dem fehlenden Bild zu sehen sein muss.

Kombinationsvermögen fördern

Tom und Ida spielen. Ida hat die blaue Lok, Tom die rote. Weißt du, wer das Spiel gewinnt? Male dem Gewinner eine Krone an die Seite.

Tom spielt heute in seinem Baumhaus. Ida möchte ihn besuchen. Wie muss sie klettern, um zu ihm zu kommen? Zeichne den Weg ein.

Immer drei Karten gehören zusammen. Weißt du, welche es sind?
Verbinde die Karten miteinander.

Tom und Ida spielen ein Formenspiel. Tom hat ein grünes Dreieck, zwei rote Rechtecke und zwei gelbe Kreise. Male die Formen in diesen Farben an.

Welche Figuren kann er damit legen? Male die Formen passend an.

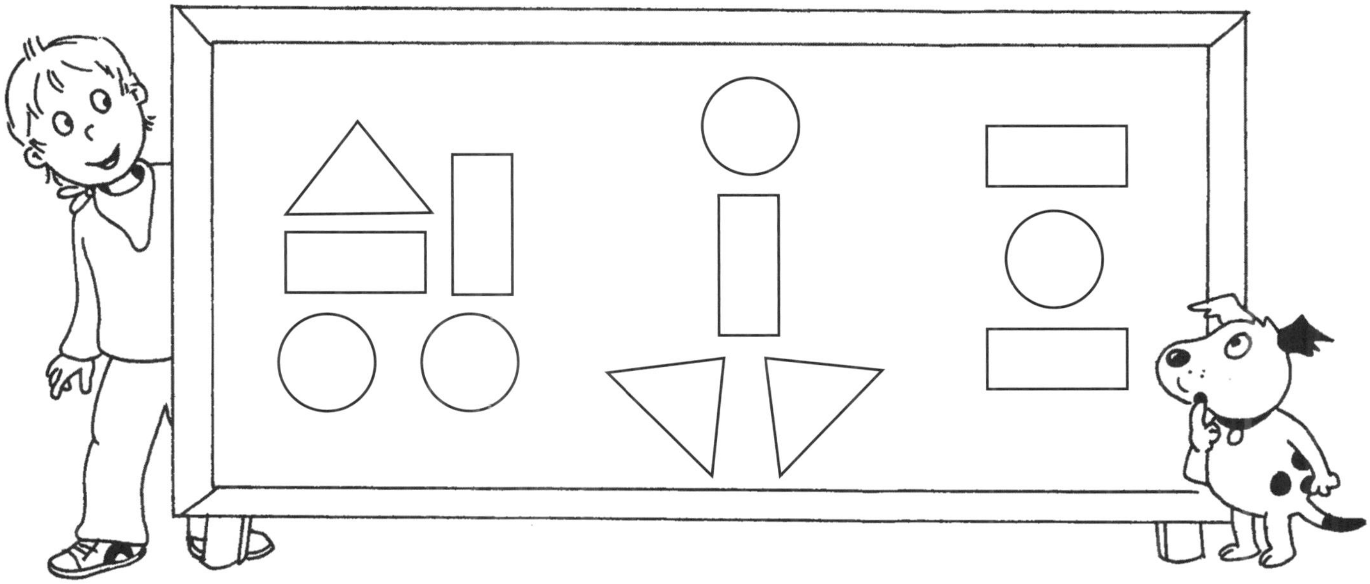

Ida hat zwei blaue Quadrate, ein gelbes Rechteck, ein rotes Dreieck und einen grünen Kreis. Für welche Figur hat sie alle Formen gebraucht? Male auch diese Figur in den passenden Farben an.

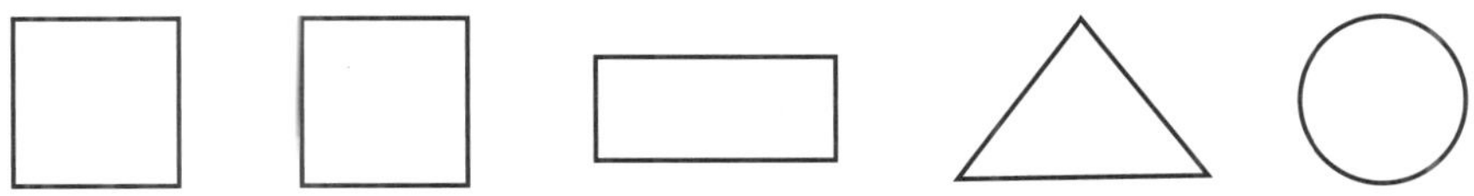

Zusammenhänge erkennen

Jeweils zwei Karten bilden zusammen ein neues Wort. Findest du das richtige Bild? Verbinde, was zusammengehört.

Schau dir diese Bilder an. Welches kommt zuerst, welches danach, welches zuletzt? Schreibe I, II oder III in das Bild.

Aufmerksamkeit schulen

Ida und Tom wollen ihren Onkel aus Kanada vom Bahnhof abholen. Aber sie haben ihn noch nie gesehen. Ihre Mutter hat ihnen gesagt, der Onkel hat schwarze Haare, einen Oberlippenbart und eine große, krumme Nase. Kannst du ihn finden?

Wie viele Mäuse entdeckst du auf dem Bild?

Ida, Tom und die kleine Lok fahren an einem großen See vorbei. Welche Tiere befinden sich im Wasser? Ein Körperteil ist zu sehen. Schau dir die Tiere unten im Bild an und kreuze diejenigen an, die du im Wasser gesehen hast.

Logisches Denken fördern

Nun müssen alle nach Hause. Verbinde jeden mit seiner Wohnung.

Gegensätze
und
Unterschiede

Diese Eisenbahn gehört Tom. Sie hat viele verschiedene Anhänger.
Verbinde gleiche Anhänger miteinander und male sie aus.

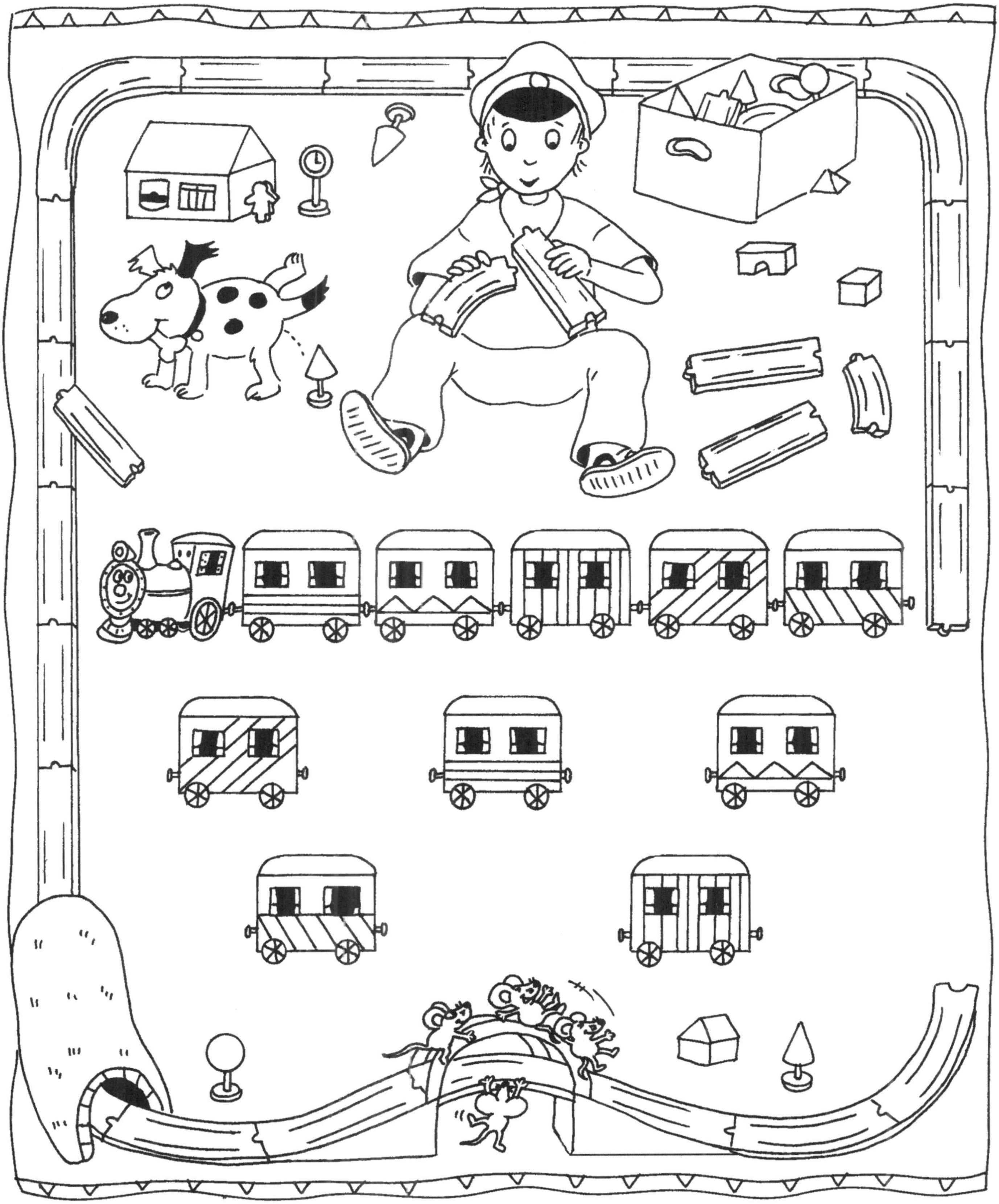

Unterschiede erkennen

Ida räumt den Schuhschrank auf. Immer ein farbiger Schuh und ein schwarz-weißer Schuh gehören zusammen. Verbinde die Schuhe und male dann den schwarz-weißen Schuh passend an.

Ida und Tom bauen Türme. Kannst du erkennen, welche Bausteine sie ausgesucht haben? Male die Bausteine in den richtigen Farben an. Worin unterscheiden sich die Türme? Kreise den größten Turm ein.

Heute machen es sich Ida und Tom gemütlich. Zuerst wollen sie sich Bilderbücher ansehen. Suche für Ida die drei dicksten Bilderbücher aus dem Regal und male sie blau an. Tom möchte ein besonders dünnes Buch haben. Male es rot an.

Später möchten sie etwas naschen. Ida hat Appetit auf Süßes, Tom will heute mal saure Sachen. Male jedem auf den Teller, was er möchte.

Ida und Tom haben viele Stofftiere. Jeder hat immer zwei Tiere nebeneinandergesetzt. Vergleiche diese beiden. Welches Tier ist in Wirklichkeit größer? Kreise immer das größere Tier ein.

Größen zuordnen

Tom baut seine Eisenbahn auf. Aber welche Brücken soll er nehmen?
Zeichne die passende Brücke in der richtigen Größe ein.

Die kleine Lok fährt durch eine schöne Landschaft. Aber in dem Bild unten haben sich acht Unterschiede eingeschlichen. Kannst du sie finden? Kreuze sie an.

Unterschiede erkennen

Tom und Ida spielen ein Tastspiel. Ida muss alle Dinge heraussuchen, die weich sind. Kannst du ihr helfen? Kreise alle weichen Dinge ein.

Tom sucht alle Dinge heraus, die aus Papier sind.

Hier gibt es verschiedene Rennen. Kreuze an, wer von den beiden jeweils schneller vorankommt.

Wer ist von allen wohl der Schnellste und wer ist am langsamsten?

Veränderungen wahrnehmen

Die drei Ganoven Bruno, Kalle und Piet werden dringend gesucht. Sie befinden sich auf dem Bahnhof. Aber die drei haben sich heute verkleidet. Kannst du sie trotzdem erkennen?

Schau dir dieses Bild genau an. In dieser Stadt ist ganz schön viel los. Einiges ist sehr laut, anderes ist sehr leise. Kreise die Dinge, die laut sind, blau ◯ ein. Was leise ist, kreise rot ◯ ein.

Gegensätze erfassen

Tom hat die kleine Lok in seinem Zimmer aufgebaut. Schau dich in Toms Zimmer um. Welche Dinge befinden sich oben, welche unten? Male den richtigen Pfeil an: ⇩ für unten, ⇧ für oben.

Was ist am längsten? Male einen Strich für den 1. Platz, zwei Striche für den 2. Platz, drei für den 3., vier für den 4. Platz, fünf für den 5. Platz und sechs für den 6. Platz. Nimm deinen Finger oder einen Faden beim Messen zu Hilfe.

Unterschiede erkennen

Ida und Tom räumen ihr Spielzeug auf. In die eine Kiste kommt alles, was rund ist, in die andere alles eckige.

Danach geht Tom mit dem Hund spazieren. Welche Jacke passt Tom?

Schau dir diese Dinge an. Was ist heiß, was ist kalt? Male neben alle kalten Dinge eine Schneeflocke , neben alle heißen Dinge ein Feuer  .

Größenunterschiede beachten

Dieser Zug ist extra für Tiere gebaut. Aber wer passt durch welche Tür? Verbinde Tür und Tier miteinander.

Ida will ihr Zimmer umräumen. Tom hilft ihr dabei. Die schweren Sachen tragen sie gemeinsam. Kreuze an, welche das sind.

Wer trägt gerade die schwerere Last?

Was ist schwerer? Kreuze an.

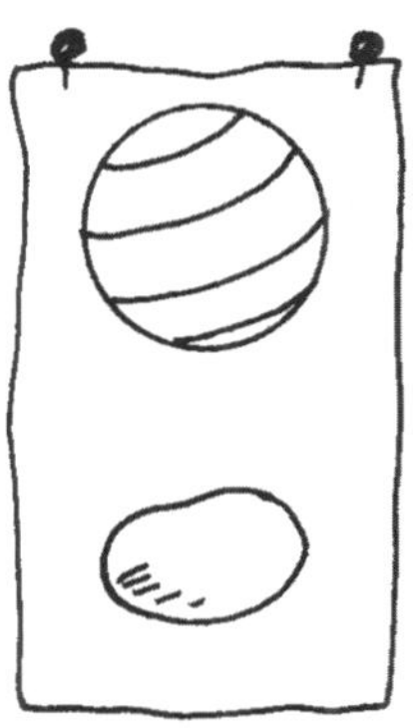

Konzentration fördern

Tom und Ida sind auf der Kirmes. Jeder hat ein Los gezogen.
Weißt du, welche Preise sie gewonnen haben? Achte auf die Schilder.

Die kleine Lok fährt viele Besucher durch den Zoo. Aber nicht alle sehen glücklich aus. Schau dir die Gesichter an und male ☺, wenn sie fröhlich sind, und ☹, wenn sie traurig sind, in die Kreise.

Male dich selbst mit einem fröhlichen und mit einem traurigen Gesicht.

Am Fahrkartenschalter steht Idas Mutter an. Sie trägt keinen Hut, hat lockige Haare und einen Mantel an. Suche sie. Steht sie in der Schlange vorn oder hinten?

Auf der Straße vor dem Bahnhof fahren Autos. Male alle, die nach rechts fahren, blau an. Die Autos, die nach links fahren, male rot an. In welche Richtung fahren mehr Autos?

Ida und Tom fahren mit der kleinen Lok an einer Wiese vorbei, auf der viele Schafe stehen. Schau genau hin. Die Schafe sehen verschieden aus.

Wie viele Schafe von jeder Art entdeckst du auf der Wiese? Male für jedes Schaf einen Strich.

Unterschiede erkennen

Ida hat so ein schönes Bild gemalt. Aber Tom hat heimlich ein paar Dinge dazugemalt, die nicht richtig sind. Kannst du sie erkennen? Kreise sie ein.

Was sollen Ida und Tom anziehen, wenn sie im Dunkeln unterwegs sind? Kreuze die Sachen an.

Schwung-
und
Schreib-
übungen

Das sind Ida und Tom. Sie machen Seifenblasen. Ziehe sie alle mit einem Stift nach. Male auch ein Bild von dir, wie du Seifenblasen machst.

Linien nachspuren

Das ist die kleine Lok. Tom und Ida warten am Bahnhof auf sie.
Welchen Weg muss sie fahren, damit Tom und Ida einsteigen können?
Zeichne ihn nach.

Tom, Ida und die kleine Lok möchten heute zum Badesee. Ihr Weg geht über Berge und Täler. Male alle Berge nach, über die sie klettern müssen.

Gerade Linien zeichnen

Die kleine Lok fährt über eine Brücke. Male die Steine weiter, aus denen die Brücke besteht.

Siehst du die Spinne unter der Brücke? Sie baut sich ein Spinnennetz. Hilf ihr, es fertigzubauen.

Heute hat Ida Geburtstag. Sie hat alle ihre Freunde eingeladen. Da wollen Tom und Ida den Garten schmücken. Hilfst du den beiden? Male die Girlanden weiter. Male auch Haken für die Luftballons und noch ein paar Luftballons dazu.

Kreise ziehen

Die kleine Lok fährt im Kreis.

Ziehe die Kreise nach und lasse sie dann immer kleiner werden.

Schwung brauchst du auch, um ein O zu schreiben. Versuche es mal.

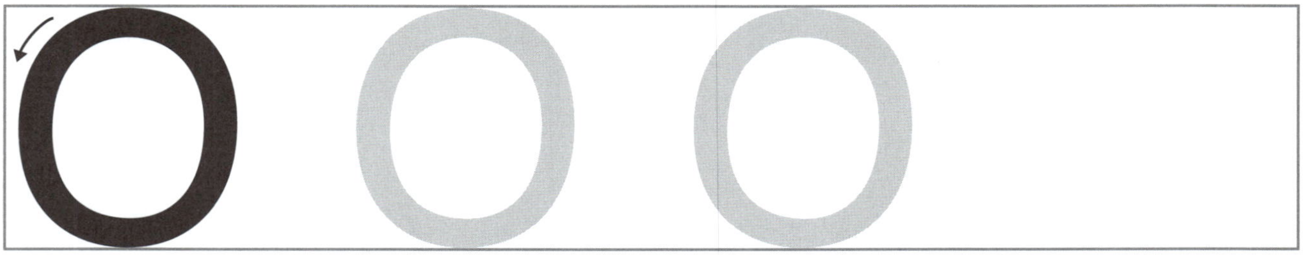

Das ist ja eine lustige Karnevalsfeier. Schau dir an, was für komische Hüte die Kinder aufhaben. Spure sie nach und male sie bunt aus.

Kannst du auch diese Zeilen weitermalen?

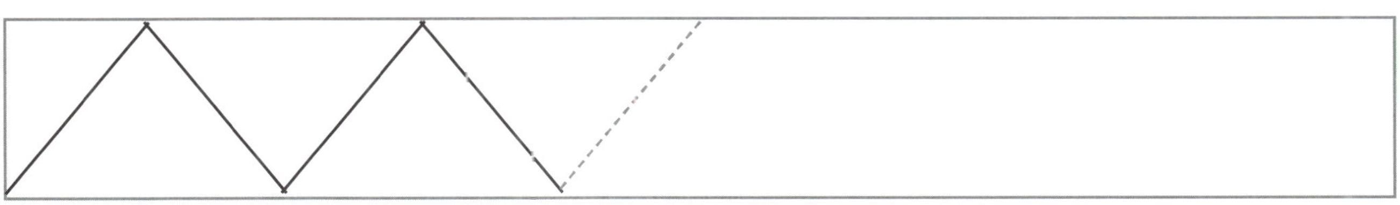

Aus Spitzen setzen sich die Buchstaben M umd N zusammen. So kannst du sie aufschreiben:

Schlaufen nachmalen

Tom und Ida haben neue Schlittschuhe bekommen. Sie wollen sie gleich ausprobieren. Male die Spuren nach, die sie über das Eis ziehen. Beginne jeweils bei dem kleinen Pfeil.

Tom schreibt alle Buchstaben seines Namens an die Tafel.

T

O

M

Erste Buchstaben

Tom ist sehr stolz, dass er seinen Namen schreiben kann. Er schreibt ihn überall hin. Hilf ihm dabei.

Die Lok macht aber heute besonders viel Dampf. Male den Dampf nach. Male ihn dann allein weiter.

Und auch so:

Kannst du die Schleifen auch allein weitermalen?

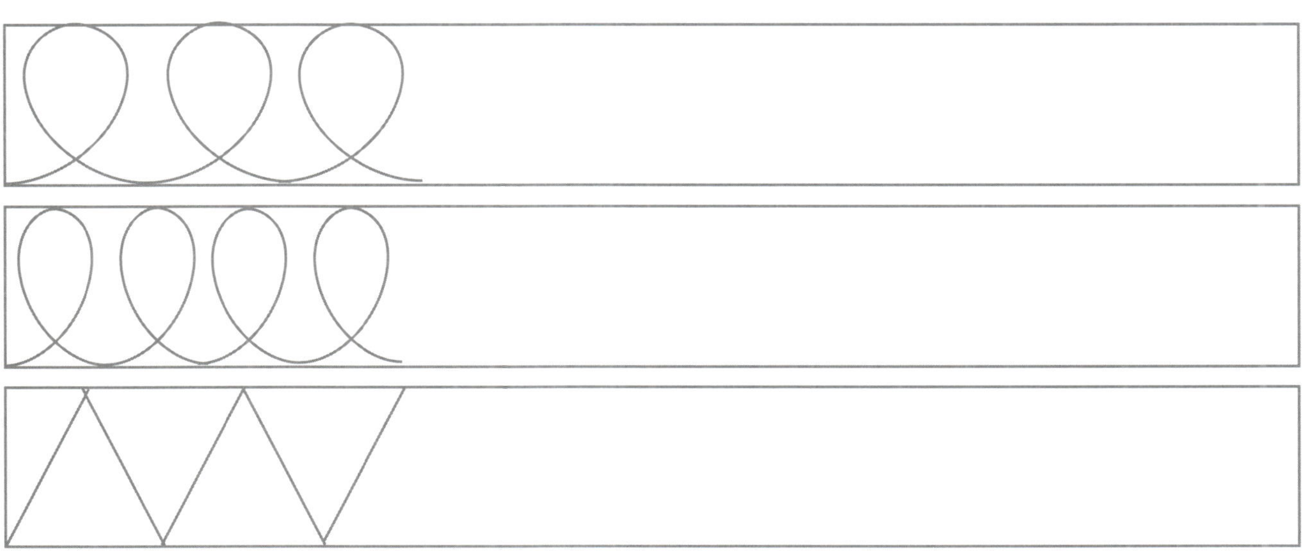

Nun will auch Ida ihren Namen schreiben. Der erste Buchstabe ist ganz einfach. Male ihn nach. Schreibe ihn dann allein.

Schau dir die beiden Buchstaben an. Sie sehen sehr ähnlich aus.
Das I gehört zu Ida, das T gehört zu Tom. Verbinde!

Für das Wort Ida brauchst du noch die Buchstaben D und A. Die kleine Lok malt dir den Weg für die Buchstaben vor. Das ist das D.

Das A geht genauso gut.
Schreibe es nach. Versuche es dann allein.

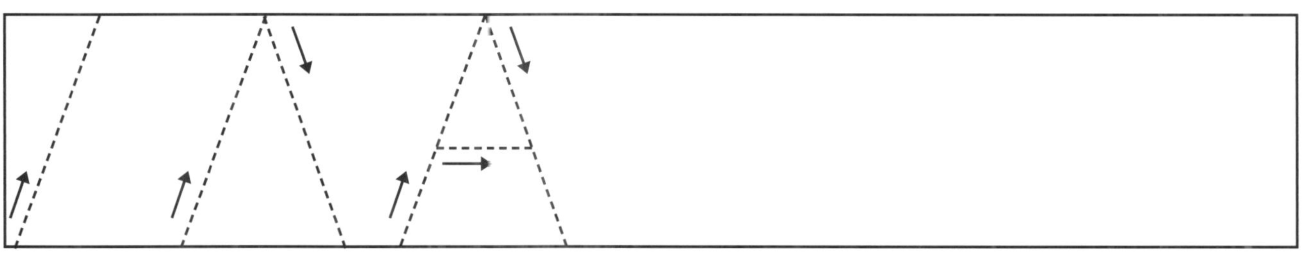

Nun klappt es auch mit dem ganzen Namen:

Formen nachzeichnen und ergänzen

Oh nein! Jetzt fängt es an zu regnen. Wie gut, dass Tom und Ida nicht nass werden. Ergänze die Tropfen und male die restlichen nach.

Kannst du Ida und Tom helfen, gleiche Karten zu finden? Bilde Paare und spure dann die Buchstaben auf den Karten nach.

Spiegelbildlich zeichnen

Schau dir die Landschaft an, durch die die kleine Lok fährt. Manche Dinge sind nur halb zu sehen. Male die andere Seite dazu.

Schwünge in verschiedenen Richtungen

Tom und Ida bauen Bahnschienen auf. Schau dir an, welchen Weg die Bahn fahren soll. Male die Bahnschienen 10-mal mit einem Stift nach. Beginne immer bei der Lok und ende am Schienenende.

Wie schön die kleine Lok heute aussieht! Jeder Waggon hat ein eigenes Muster. Kannst du das Muster weitermalen?

Ida versucht, das Wort Lok zu schreiben. Es ist gar nicht so schwer. Das Wort Lok beginnt mit einem L. Spure das L nach, das Ida auf die kleine Lok geschrieben hat.

Wenn Ida das Wort Lok schreiben will, braucht sie nun ein O. Du kennst es schon. Wo findest du in diesem Bild überall ein O?

Jetzt muss Ida nur noch das K schreiben.

Nun kann Ida das ganze Wort schreiben. Schreibe es nach.

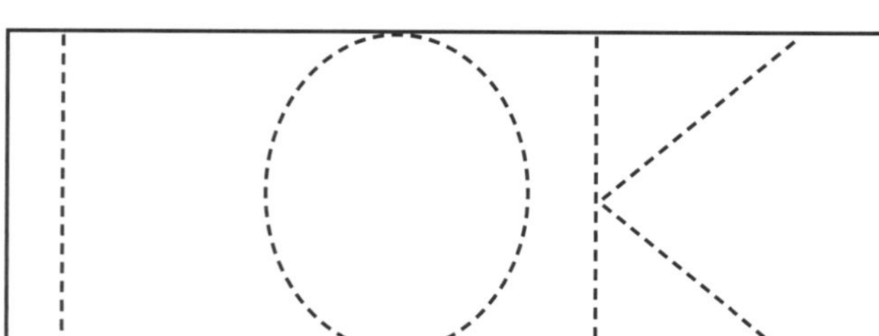

Ida und Tom können schon MAMA und PAPA schreiben. Willst du es auch lernen? Für das Wort MAMA kennst du schon alle Buchstaben. Schreibe das Wort auf.

MAMA

Wenn du PAPA schreiben willst, musst du das P lernen. Es geht so:

P P

Und so schreibt man das Wort PAPA. Male das Wort nach.

PAPA PAPA

Schreibe es dann allein auf die Linie.

Male nun ein Bild von deiner MAMA und deinem PAPA und schreibe die Wörter darunter.

Anlaute erkennen

Sage laut die Namen der Bilder und schreibe ihre Anfangsbuchstaben in die Traumblasen. Was kannst du dann von oben nach unten lesen? Male die Traumblasen nach.

Erkennen
und
Verstehen

Das ist die kleine Lok. Auf ihrer Reise will sie viele Waggons mitnehmen. Finde heraus, welche Waggons sie ausgesucht hat, und male sie dann mit dem richtigen Muster an.

Dinge inhaltlich zuordnen

Tom und Ida wollen eine Reise machen. Tom will mit seinem Opa in den Bergen wandern, Ida fährt mit ihren Eltern ans Meer. Welche Sachen packt jeder ein?

Nun stehen die Kinder am Bahnhof. Die kleine Lok kommt angefahren.
Schau dich auf dem Bahnhof um. Sieben Dinge sind falsch.

Heute dürfen die Tiere mit dem Zug fahren. Schau sie dir genau an.
Etwas fehlt auf jedem Bild am Waggon. Male es an die richtige Stelle.

Nun wird es langsam dunkel. Einige Tiere kann man nur noch als Schatten erkennen. Verbinde jeden Schatten mit dem entsprechenden Tier auf dem Bild.

Gedächtnis trainieren

Tom spielt in seinem Kinderzimmer. Schau dir das Bild eine Minute lang ganz genau an. Beantworte dann die Frage auf der anderen Seite.

Was hast du in Toms Zimmer gesehen? Kreuze an, woran du dich erinnerst. Sieh dabei nicht auf die andere Seite!

Schau dir diesen Irrgarten an. Weißt du, wie die kleine Lok zum Ausgang kommt?

Tom und Ida haben jeder einen Blumenstrauß gepflückt. Kreuze mit Blau an, welche Blumen Tom genommen hat, mit Rot, welche Ida gewählt hat. Male die Blumen an. Welche Blume haben sie sich beide ausgesucht?

Größen unterscheiden

Auf dem Spielplatz sind vier Kinder. Nummeriere sie der Größe nach. Das größte Kind bekommt vier Punkte, das kleinste einen. Nummeriere auch die Katzen, beginne bei der kleinsten mit einem Punkt.

Ida und Tom haben Züge gemalt. Alle Anhänger sind in einer bestimmten Reihenfolge angeordnet. Weißt du, welche Farbe die Anhänger haben müssen, die weiß geblieben sind? Male sie an.

Male nun einen Zug in den Farben aus, die du magst.

Tom und Ida basteln. Erkennst du, aus welchem Papier die einzelnen Figuren geschnitten wurden? Verbinde die Form mit der Bastelarbeit.

In diesem Zugabteil hat sich jemand versteckt. Du findest ihn, wenn du alle Flächen mit einem Kreis, Dreieck oder Stern schwarz malst, die mit einem Viereck aber weiß lässt.

Bilder vervollständigen

Heute regnet es. Da spielt Tom mit seinem Puzzle. Er ist fast fertig. Nur ein paar Teilchen fehlen noch. Kannst du ihm helfen? Male dazu einen Pfeil vom Puzzleteil zur passenden Stelle.

Auch Ida ist zu Hause. Sie spielt ein Kartenspiel. Willst du ihr helfen? Dann sieh dir die Bilder an und sage laut, was darauf zu sehen ist. Wenn zwei Begriffe sich reimen, verbinde die entsprechenden Karten miteinander.

Ida und Tom haben jeder einen Zug mit fünf Waggons auf ihrer Schiene. Weißt du, welche Waggons wem gehören? Male Idas Waggons rot und Toms Waggons blau an.

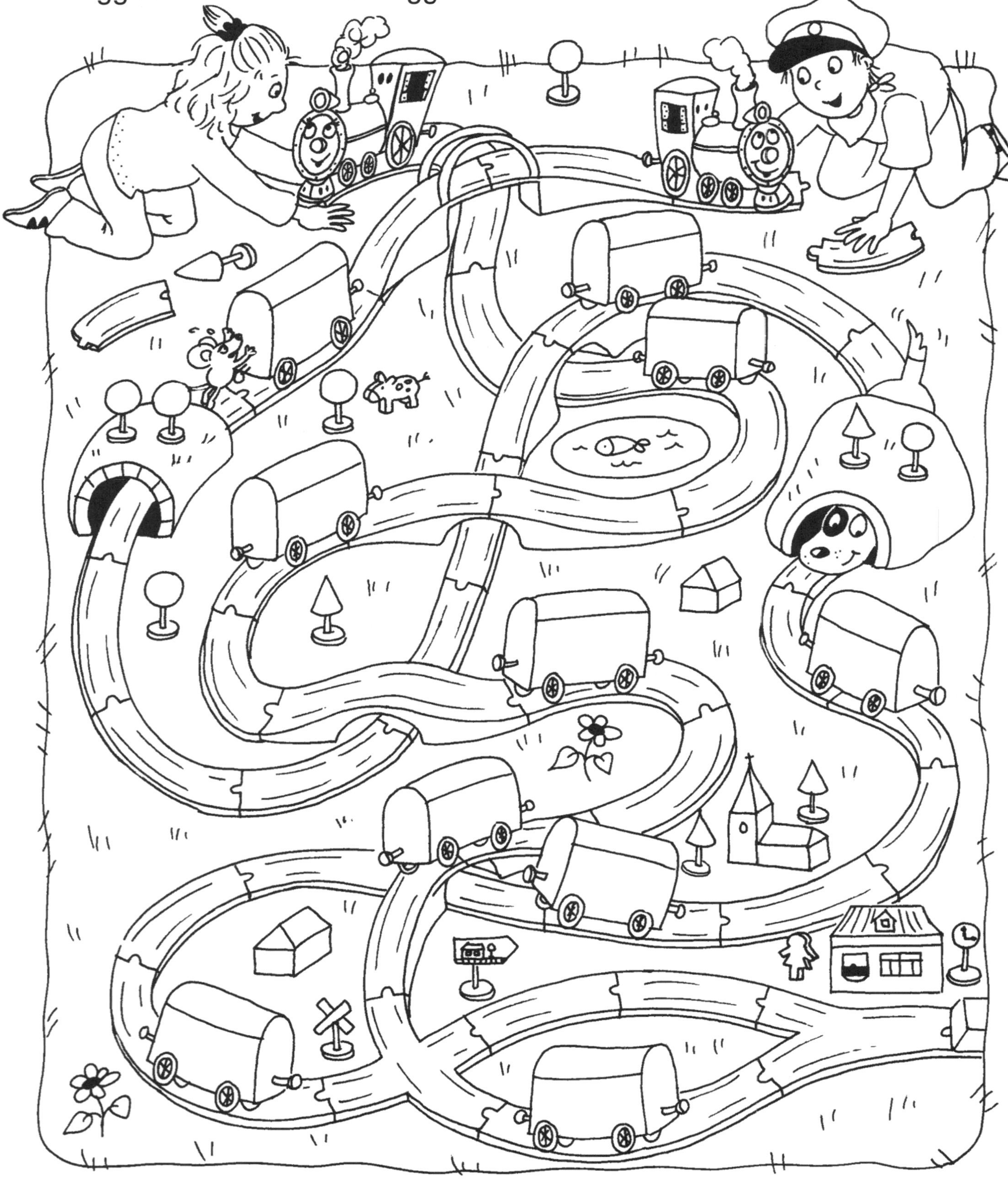

Tom hat Geburtstag. Sechs Kerzen sollen auf dem Kuchen stehen.
Ergänze die fehlenden.

Für die kleine Lok hat er fünf neue Waggons geschenkt bekommen.
Male die fehlenden dazu.

Ida hat ihm sieben Murmeln geschenkt. Male die fehlenden dazu.

Zusammenhänge erkennen

Tom hat immer vier Karten in eine Reihe gelegt, die zusammengehören. Aber er hat einen Fehler gemacht. Eine Karte passt nicht zu den anderen. Streiche sie durch.

Auf diesem Bahnhof ist unheimlich viel los. Zähle, wie viele Züge nach links und wie viele nach rechts fahren. Male für jeden Zug einen Strich.

Male nun selbst einen Zug, der nach links fährt, und einen, der nach rechts fährt.

Personen zuordnen

Tom und Ida warten auf Onkel Peter und Tante Marie. Da kommt die kleine Lok angefahren. Finde heraus, in welchem Abteil die Tante und der Onkel sind. Male dieses Abteil aus.

Und so sehen die beiden aus:

Onkel Peter

Tante Marie

In der Nacht hat es geschneit. Trotzdem waren viele Menschen und auch Tiere unterwegs. Weißt du, wer zu welchen Spuren gehört? Male einen Pfeil von der richtigen Spur zu dem, der sie hinterlassen hat.

Zusammenhänge erkennen

Tom, Ida und die kleine Lok sagen dir Auf Wiedersehen. Immer vier Bilder gehören zusammen. Welche sind es? Verbinde die vier Bilder mit einem Pfeil.